www.QuoraChinese.com

ESSENTIAL GUIDE TO CHINESE HISTORY

PART 7

SECOND EDITION (LARGE PRINT)

HAN DYNASTY

汉朝

学习简单的中国历史文化

QING QING JIANG

PREFACE

Welcome to the Chinese History series, a series dedicated to helping Mandarin Chinese learners improve Chinese reading skills. In this series, we will discover China's 5,000-year-old history. Each of the book will focus on one important ruling Chinese dynasty. The books contain numerous lessons in Mandarin Chinese. We start with a ruling dynasty specific preface (前言), a brief introduction to the dynasty or related themes, and continue to dig the important aspects of the ruling era, such as politics, economy, etc. in the form or chapters. Each book contains 5 to 10 chapters. For the readers' convenience, a comprehensive list of vocabulary has been provided at the beginning of each chapter. The pinyin for the Chinese text is provided after the main text. Further, to enforce deeper learning, the English interpretation of the Chinese text has been purposely excluded for the books. This would help the readers think deeply about the contents the way native Chinese think. In order to help the Chinese learner remember important characters, words, long words, idioms, etc., these entities have been purposely repeated throughout the book, and across the books in the series. Taken together, the books in Chinese History series will tremendously help readers improve their Chinese reading skills.

If you have any questions, suggestions, and feedbacks, feel free to let me know in the review or comments.

You can find more about China and Chinese culture on my amazon homepage.

I blog at:

www.QuoraChinese.com

-Qing Qing

May 2023

©2023 Qing Qing Jiang

All rights reserved.

ESSENTIAL GUIDE TO CHINESE HISTORY

ACKNOWLEDGMENTS

I am a blogger. It has been a long and interesting journey since I started blogging quite a few years ago.

The blogging passion enabled me to write useful contents. In particular, I have been writing about China, and its culture.

My passion in writing was supported by my friends, colleagues, and most importantly, the almighty.

I thank everyone for constantly inspiring me in my life endeavours.

CONTENTS

PREFACE 2

ACKNOWLEDGMENTS 4

CONTENTS 5

INTRODUCTION TO THE HISTORY OF HAN DYNASTY (汉朝历史简介) .. 8

THE BATTLE BETWEEN CHU AND HAN (楚汉之争) 12

RECUPERATION (休养生息) 18

REFORMS BY EMPEROR WU OF HAN DYNASTY (汉武帝改革) 23

ZHANG QIAN'S MISSION TO THE WESTERN REGIONS (张骞出使西域) 28

PAPERMAKING TECHNOLOGY (造纸术) 34

REBELLION OF THE SEVEN STATES (七国之乱) 39

前言

　　和秦朝一样，汉朝也是一个大一统王朝，但是汉朝并没有延续秦朝的"短命"，而是还存在了四百多年，其中有过 29 任帝王。汉朝可以分为东汉和西汉，在这个时期内，汉朝成为了世界上最先进最强大的国家，其他小国都来中国学习。在当时，还诞生了四大发明之一的造纸术，还有地动仪，浑天仪等等，科技文化领域成果也十分丰富。而且，自汉朝以后，汉族的称号也随之而来。汉族指的是当时占主体地位的民族，时至今日，汉族仍然是中国的主体民族。汉朝在中国历史上有着重大的地位和作用，是中国发展的一个黄金时期，接下来我们从汉朝的开国，也就是楚汉战争，还有其中的重大事件，例如汉武帝改革，张骞出使西域和文景之治，在科技文化方面的成果，这里我们主要讲述造纸术，这几个方面一一展现出来。

Qiányán

Hé qín zhāo yīyàng, hàn cháo yěshì yīgè dà yītǒng wángcháo, dànshì hàn cháo bìng méiyǒu yánxù qín cháo de "duǎnmìng", ér shì hái cúnzàile sìbǎi duō nián, qízhōng yǒuguò 29 rèn dìwáng. Hàn cháo kěyǐ fēn wéi dōnghàn hé xīhàn, zài zhège shíqí nèi, hàn cháo chéngwéile shìjiè shàng zuì xiānjìn zuì qiángdà de guójiā, qítā xiǎoguó dū lái zhōngguó xuéxí. Zài dāngshí, hái dànshēngle sì dà fāmíng zhī yī de zàozhǐ shù, hái yǒu dìdòngyí, hùntiānyí děng děng, kējì wénhuà lǐngyù chéngguǒ yě shífēn fēngfù. Érqiě, zì hàn cháo yǐhòu, hànzú de chēnghào yě suí zhī ér lái. Hànzú zhǐ de shì dāngshí zhàn zhǔtǐ dìwèi de mínzú, shí zhì jīnrì, hànzú réngrán shì zhōngguó de zhǔtǐ mínzú. Hàn cháo zài zhōngguó lìshǐ shàng yǒu zhuó zhòngdà dì dìwèi hé zuòyòng, shì zhōngguó fāzhǎn de yīgè huángjīn shíqí, jiē xiàlái wǒmen cóng hàn cháo de kāiguó, yě jiùshì chǔ hàn zhànzhēng, hái yǒu qízhōng de zhòngdà shìjiàn, lìrú hàn wǔdì gǎigé, zhāngqiān chū shǐ xīyù héwén jǐng zhī zhì, zài kējì wénhuà fāngmiàn de chéngguǒ, zhèlǐ wǒmen zhǔyào jiǎngshù zàozhǐ shù, zhè jǐ gè fāngmiàn yīyī zhǎnxiàn chūlái.

INTRODUCTION TO THE HISTORY OF HAN DYNASTY (汉朝历史简介)

The Han Dynasty (汉朝, 202 BC-220 AD), a unified dynasty, was founded after the collapse of the Qin Dynasty (秦朝, 221 BC-207 BC).

After the peasant uprising during the end of the Qin Dynasty, Liu Bang (刘邦) overthrew Qin, and proclaimed himself the emperor of the Han Dynasty. At the same time, Xiang Yu (项羽), as the overlord of Western Chu, contended for hegemony. Hence, a large-scale war broke out between Xiang Yu and Liu Bang.

The battle between Chu and Han (楚汉之争), also known as the Chu-Han War (楚汉战争), the Chu-Han battle (楚汉之战), etc., took place in the first year of the Han Dynasty (206 BC) to fifth year of the Han Dynasty (202 BC). This was a large-scale war fought for power by the two rival groups, Xiang Yu (the overlord of Western Chu, 西楚霸王项羽), and Liu Bang (the king of Han, 汉王刘邦). In the end, the battle between Chu and Han ended with the defeat of Xiang Yu's Western Chu, and the establishment of the supremacy of the Han Dynasty by Liu Bang.

Han Dynasty is also known by other names, such as:
1. The Great Han Dynasty (大汉)
2. The Han State (汉国)
3. Heavenly Han (天汉)
4. Liu Han (刘汉)
5. Mighty Han (强汉)
6. Han (汉)

The Han dynasty is often divided as the Early Han Dynasty (前汉, 206 BC-AD 24), and the Later Han Dynasty (后汉, 25 AD-220 AD). The Early

Han Dynasty is also known as the Western Han Dynasty (西汉). The Later Han Dynasty is also known as the Eastern Han Dynasty (东汉). Together, the Western Han Dynasty and the Eastern Han Dynasty, are collectively known as the Two Han Dynasties, or simply, Two Hans (两汉).

The Han Dynasty had a total of 29 emperors, ruling over 405 years.

During the reign of Emperor Wen of Han (汉文帝, 203 BC-157 BC) and Emperor Jing of Han (汉景帝, 188 BC-141 BC), administrative policies were improved, the problems of the common men were greatly reduced, and the social economy progressed. As such, Emperor Wen, and Emperor Jing implemented the national policy of public welfares known as the "Rule of Wenjing" or "Administration of Wenjing" (文景之治):

- 文景之治 (wén jǐng zhī zhì): Enlightened administration of the Han emperors Wen and Jing (174 BC -143 BC)

After Emperor Wu of Han (汉文帝, 203 BC-157 BC) came to the throne, he implemented the Push Order (推恩令). Push Order was an important decree issued by Emperor Wu in order to consolidate the centralization of power. In essence, the push order was an improvement on the basis of the county system. Emperor Wu removed a hundred schools of philosophical thought and respected Confucianism alone (汉武帝罢黜百家, 独尊儒术). Further, Emperor Wu sent Zhang Qian (张骞) to the Western Regions to communicate with the central Plains and other countries in the western regions to open up the Silk Road (丝绸之路). The initiative opened up the Silk Road. The kingdom attacked the Xiongnu in the north, Korea in the east, and conquered the barbarians, and expanded the territory to achieve the "Prosperous Age of Emperor

Wu of Han" (汉武盛世).

By the time of Emperor Xuan of the Han Dynasty (汉宣帝, 91 BC-48 BC), the national power reached its peak, and the kingdom was well-protected from the foreign invasions.

Unfortunately, after Emperor Yuan of the Han Dynasty (汉元帝, 75 BC-33 BC) ascended the throne, the imperial power declined, nepotism increased, the power and eunuchs rose, and the Western Han Dynasty began to decline. In the year 8 AD, Wang Mang (王莽, 45 BC-23 AD) abolished the position of Crown Prince, established the Xin Dynasty (新朝, 9AD-23AD), and the Western Han Dynasty eventually came to an end.

In 25 AD, Liu Xiu (刘秀, 5 BC-57 AD) reestablished the Han Dynasty and made Luoyang the capital. The kingdom was known as the Eastern Han Dynasty, and Liu Xiu was known as Emperor Guangwu of Eastern Han (东汉光武帝). After Liu Xiu come to the throne, he stopped fighting unnecessary wars, and rather focused on supporting the people (息兵养民). This was known as "Guangwu Zhongxing" (光武中兴, revival by Guangwu) in history.

During the reign of Emperor Ming of Han (汉明帝, 28 AD-75 AD) and Emperor Zhang of Han (汉章帝, 56 AD-88 AD) life of the people further improved. The life of the common people in the kingdom was peaceful, the people were rich. The reign of these two emperors is known as "the rule of Ming Zhang" (明章之治). After Emperor He of Han (汉和帝, 79 AD-106 AD) succeeded to the throne, he selected talented advisors. His military forced Xiongnu to flee westward. He extended the Silk Road to Europe. In 100 AD, the Roman Empire (罗马帝国) sent envoys to the Han Dynasty. Together, the national strength of the Eastern Han Dynasty was extremely prosperous.

In 190 AD, warlords started rebellions and the kingdom fell into chaos. In 220 AD, Cao Pi (曹丕, 187 AD-226 AD) usurped the Han Dynasty.

The Han Dynasty was the most advanced civilization and powerful empire in the world at that time. When the Han Dynasty was at its peak, it merged with Korea (朝鲜) in the east, Vietnam (越南) in the south, Congling mountain ranges (葱岭) in West, and Mongolia (蒙古) in the north .

The Han Dynasty also made great achievements in the field of science and technology. For example, Zhang Heng (张衡) invented the seismograph (地动仪). Cai Lun (蔡伦) invented papermaking that became one of the four great inventions in China (中国四大发明之).

No wonder, since the Han Dynasty, the Chinese people started calling themselves as the Han people (汉族).

THE BATTLE BETWEEN CHU AND HAN (楚汉之争)

1	主人公	Zhǔréngōng	Leading character in a novel, etc.; hero or heroine; protagonist
2	项羽	Xiàngyǔ	Chief rival of Liu Bang
3	刘邦	Liúbāng	Liu Bang; founder of Han Dynasty (reigned as Gaozu)
4	揭竿而起	Jiēgān'érqǐ	Rise up in arms; raise a rebellion; raise the standard against the government; raise the standard of revolt
5	他们的	Tāmen de	Their; theirs
6	自刎	Zìwěn	Commit suicide by cutting one's throat; cut one's throat
7	小便	Xiǎobiàn	Urinate; pass water; pee; empty one's bladder
8	高等教育	Gāoděng jiàoyù	Higher education
9	没有什么	Méiyǒu shéme	Nothing the matter; nothing wrong
10	靠山	Kàoshān	Prop; backer; patron; backing
11	白手起家	Báishǒu qǐjiā	Start empty-handed; build up from nothing; start from scratch; start from taw
12	靠自己	Kào zìjǐ	On one's own; by oneself; on my own
13	兵力	Bīnglì	Military strength; armed forces; troops; numerical strength
14	庇护	Bìhù	Asylum; shield; shelter; protect
15	惧怕	Jùpà	Fear; dread

16	鸿门宴	Hóngmén yàn	A dinner at Hongmen where treachery was planned
17	毕恭毕敬	Bìgōng bìjìng	Reverent and respectful; displaying full courtesy; extremely deferential; in humble reverence
18	表现出	Biǎoxiàn chū	Show; represent; act out
19	恭敬	Gōngjìng	Respectful; with great respect
20	样子	Yàngzi	Appearance; shape
21	安于现状	Ān yú xiànzhuàng	Content with existing conditions; satisfied with the existing state of affairs and not willing to move forward
22	自怨自艾	Zìyuàn zìyì	Be contrite and reform oneself; be full of remorse; bemoan one's fate; blame and censure oneself
23	等到	Děngdào	By the time; when
24	实力	Shílì	Actual strength; strength
25	战书	Zhàn shū	Written challenge to war; letter of challenge
26	长达	Zhǎng dá	Lengthen out to
27	争霸	Zhēngbà	Contend for hegemony; scramble for supremacy; seek hegemony; strive for hegemony
28	也就是	Yě jiùshì	Namely; i.e.; that is
29	虽然	Suīrán	Though; although
30	当中	Dāngzhōng	In the middle; in the center
31	胜负	Shèng fù	Victory or defeat; success or failure
32	双方	Shuāngfāng	Both sides; the two parties; dyad; mutual
33	一直	Yīzhí	Straight; straightforward
34	僵持不下	Jiāngchí	Ended in a deadlock

		bùxià	
35	对峙	Duìzhì	Stand facing each other; confront each other; stand opposite each other; be at a stalemate
36	势力	Shìlì	Force; power; influence
37	垓下	Gāixià	Gaixia
38	得力助手	Délì zhùshǒu	Right-hand man
39	韩信	Hánxìn	A surname
40	处于劣势	Chǔyú lièshì	Be in an inferior position
41	军心	Jūnxīn	Soldier's morale; morale of the troops
42	涣散	Huànsàn	Lax; slack
43	战败	Zhànbài	Suffer a defeat; be defeated; be vanquished
44	内心	Nèixīn	Inward; heart; innermost being; in the center
45	不甘	Bùgān	Not resigned to; will not take it lying down; unwilling
46	无可奈何	Wúkě nàihé	Feel helpless; against one's will; be at the end of one's resources; become unable to do anything with
47	面对	Miàn duì	Face; confront
48	枭雄	Xiāoxióng	Fierce and ambitious person
49	由此	Yóu cǐ	From this; therefrom; thus
50	陨落	Yǔnluò	Fall from the sky of outer space
51	打败	Dǎbài	Defeat; beat; worst
52	国号	Guó hào	Title of a reigning dynasty
53	建立	Jiànlì	Build; set up; establish; building-up
54	汉朝	Hàn cháo	Han dynasty
55	高祖	Gāozǔ	Great-great-grandfather

Chinese (中文)

楚汉之争的主人公是项羽和刘邦，这两个人的初衷都是一样的，那便是不满秦朝的暴政，于是揭竿而起，想要推翻秦的统治，试图建立新政权。但是他们的结局却截然不同，一个成功，一个失败，一个一统天下，一个自刎乌江。虽然说成王败寇，但是这迥然不同的命运，不免让人唏嘘不已。不得不说，项羽和刘邦这两个人都是有才能的人，只可惜项羽生错了时代，对上了刘邦。

其实项羽的起点比刘邦要高，项羽出身于名门世家，从小便接受高等教育和训练，长大后也因骁勇善战闻名。而刘邦则出身普通，背后也没有什么靠山，他的一切全凭自己白手起家，靠自己争取而来。

所以这两人在对战的时候，项羽的兵力肯定是要高于刘邦的，因为有家族的庇护。所以刘邦一开始是比较惧怕项羽的，所以在鸿门宴上，刘邦对项羽也是毕恭毕敬的，表现出一副恭敬的样子。

但是刘邦并没有安于现状，也没有自怨自艾，而是不断的强大自身，等到他具备实力的时候，便正式向项羽下战书。于是项羽和刘邦开始了长达四年的争霸之战，也就是我们所说的楚汉之争。

虽然在楚汉之争的这几年当中，项羽和刘邦都各有胜负，所以双方一直在僵持不下，形成了两股对峙的势力。

最后一战是垓下之战，这就是决定刘邦和项羽命运的一战。当时刘邦的得力助手韩信十分善于指挥，几个回合下来，项羽便处于劣势之中。为了彻底的打败项羽，刘邦还特意派人唱楚歌，这是一种十分悲伤的歌曲，这一唱使得楚军军心涣散，因而最后一战败在了刘邦手上。

项羽内心十分不甘，但又无可奈何。最后无颜面对江东父老，选择自刎乌江，一代枭雄由此陨落。

刘邦打败项羽后，改国号为汉，建立汉朝，而刘邦则是汉高祖。

Pinyin (拼音)

Chǔ hàn zhī zhēng de zhǔréngōng shì xiàngyǔ hé liúbāng, zhè liǎng gèrén de chūzhōng dōu shì yīyàng de, nà biàn shì bùmǎn qín cháo de bàozhèng, yúshì jiēgān'érqǐ, xiǎng yào tuīfān qín de tǒngzhì, shìtú jiànlì xīn zhèngquán. Dànshì tāmen de jiéjú què jiérán bùtóng, yīgè chénggōng, yīgè shībài, yīgè yītǒng tiānxià, yīgè zìwěn wūjiāng. Suīrán shuō chéng wáng bài kòu, dànshì zhè jiǒngrán bùtóng de mìngyùn, bùmiǎn ràng rén xīxū bùyǐ. Bùdé bù shuō, xiàngyǔ hé liúbāng zhè liǎng gèrén dōu shì yǒu cáinéng de rén, zhǐ kěxí xiàngyǔshēng cuòle shídài, duì shàngle liúbāng.

Qíshí xiàngyǔ de qǐdiǎn bǐ liúbāng yào gāo, xiàngyǔ chūshēn yú míngmén shìjiā, cóngxiǎo biàn jiēshòu gāoděng jiàoyù hé xùnliàn, zhǎng dà hòu yě yīn xiāoyǒng shànzhàn wénmíng. Ér liúbāng zé chūshēn pǔtōng, bèihòu yě méiyǒu shé me kàoshān, tā de yīqiè quán píng zìjǐ báishǒuqǐjiā, kào zìjǐ zhēngqǔ ér lái.

Suǒyǐ zhè liǎng rén zài duìzhàn de shíhòu, xiàngyǔ de bīnglì kěndìng shì yào gāo yú liúbāng de, yīnwèi yǒu jiāzú de bìhù. Suǒyǐ liúbāng yī kāishǐ shì bǐjiào jùpà xiàngyǔ de, suǒyǐ zài hóngményàn shàng, liúbāng duì xiàngyǔ yěshì bìgōngbìjìng de, biǎoxiàn chū yī fù gōngjìng de yàngzi.

Dànshì liúbāng bìng méiyǒu ān yú xiànzhuàng, yě méiyǒu zìyuànzìyì, ér shì bùduàn de qiángdà zìshēn, děngdào tā jùbèi shílì de shíhòu, biàn zhèngshì xiàng xiàngyǔ xià zhàn shū. Yúshì xiàngyǔ hé liúbāng kāishǐle zhǎng dá sì nián de zhēngbà zhī zhàn, yě jiùshì wǒmen suǒ shuō de chǔ hàn zhī zhēng.

Suīrán zài chǔ hàn zhī zhēng de zhè jǐ nián dāngzhōng, xiàngyǔ hé liúbāng dōu gè yǒu shèng fù, suǒyǐ shuāngfāng yīzhí zài jiāngchí bùxià, xíngchéngle liǎng gǔ duìzhì de shìlì.

Zuìhòu yī zhàn shì gāixià zhī zhàn, zhè jiùshì juédìng liúbāng hé xiàngyǔ mìngyùn de yī zhàn. Dāngshí liúbāng de délì zhùshǒu hánxìn shífēn shànyú zhǐhuī, jǐ gè huíhé xiàlái, xiàngyǔ biàn chǔyú lièshì zhī zhōng. Wèile chèdǐ de dǎbài xiàngyǔ, liúbāng hái tèyì pài rén chàng chǔgē, zhè shì yī zhǒng shífēn bēishāng de gēqǔ, zhè yī chàng shǐdé chǔ jūn jūnxīn huànsàn, yīn'ér zuìhòu yī zhànbài zàile liúbāng shǒu shàng.

Xiàngyǔ nèixīn shífēn bùgān, dàn yòu wúkěnàihé. Zuìhòu wú yánmiàn duì jiāngdōng fùlǎo, xuǎnzé zìwěn wūjiāng, yīdài xiāoxióng yóu cǐ yǔnluò.

Liúbāng dǎbài xiàng yǔ hòu, gǎi guó hào wèi hàn, jiànlì hàn cháo, ér liúbāng zé shì hàn gāozǔ.

RECUPERATION (休养生息)

1	经过	Jīngguò	Pass; go through; go by
2	农民起义	Nóngmín qǐyì	Peasant uprising
3	长达	Zhǎng dá	Lengthen out to
4	此时	Cǐ shí	This moment; right now; now; at present
5	汉朝	Hàn cháo	Han dynasty
6	消耗	Xiāohào	Consume; use up; expend; deplete
7	十分	Shífēn	Very; fully; utterly; extremely
8	空虚	Kōngxū	Hollow; void; inanity
9	人民	Rénmín	The people
10	苦不堪言	Kǔ bùkān yán	Suffer unspeakably
11	刘邦	Liúbāng	Liu Bang
12	亲自	Qīnzì	Personally; in person; oneself
13	带给	Dài gěi	Take, bring, carry to
14	民心	Mínxīn	Popular feelings; popular sentiments; popular support; common aspiration of the people
15	吸取	Xīqǔ	Absorb; draw; suck up; assimilate
16	灭亡	Mièwáng	Be destroyed; become extinct; perish; die out
17	休养生息	Xiūyǎng shēngxī	Recovery from the effects of war or calamity; recuperate and build up strength
18	巩固	Gǒnggù	Consolidate; strengthen; solidify; consolidated; strong; solid;

			stable
19	日后	Rìhòu	In the future; in the days to come
20	统治	Tǒngzhì	Rule; dominate; control; govern
21	免征	Miǎn zhēng	Exemption from conscription
22	徭役	Yáoyì	Forced labor (繇役)
23	原先	Yuánxiān	Former; original
24	征兵	Zhēngbīng	Conscript; draft; call-up; levy
25	打仗	Dǎzhàng	Fight; go to war; make war
26	生产损失	Shēngchǎn sǔnshī	Production loss
27	一家人	Yījiā rén	All of the same family; one family
28	团圆	Tuányuán	Reunion
29	战乱	Zhànluàn	The chaos caused by war
30	逃亡	Táowáng	Become a fugitive; flee from home; go into exile
31	归还	Guīhuán	Return; revert; send back; give back
32	原有	Yuán yǒu	Original
33	留住	Liú zhù	Keep a guest; stay for the night
34	纳税	Nàshuì	Pay taxes; pay duty
35	奴隶	Núlì	Slave
36	平民	Píngmín	The populace; the common people
37	安抚	Ānfǔ	Placate; pacify
38	人心	Rénxīn	Popular feeling; public feeling; the will of the people
39	围绕	Wéirào	Round; around; center on; revolve round
40	展开	Zhǎnkāi	Develop; spread; spread out;

			unfold
41	不一定	Bù yīdìng	Uncertain; not sure; not necessarily so
42	大规模	Dà guīmó	Large-scale; extensive; massive; mass
43	顺应民心	Shùnyìng mínxīn	Comply with the aspirations of the people
44	战争	Zhànzhēng	War; warfare
45	迫切需要	Pòqiè xūyào	Urgent need; stand in need of
46	节奏	Jiézòu	Rhythm
47	恢复	Huīfù	Resume; renew; return to; recover
48	生活方式	Shēnghuó fāngshì	Lifestyle; way (or mode) of life
49	七十	Qīshí	Seventy
50	事实证明	Shìshí zhèngmíng	Proof by facts
51	修养	Xiūyǎng	Accomplishment; training; mastery
52	生息	Shēngxī	Bear interest; live; grow; exist
53	越来越	Yuè lái yuè	More and more
54	安居乐业	Ānjūlèyè	Live and work in peace; live a prosperous and contented life
55	富裕	Fùyù	Prosperous; well-to-do; well-off
56	强盛	Qiángshèng	Powerful and prosperous
57	铺垫	Pūdiàn	Bedding

Chinese (中文)

经过秦末的农民起义和长达四年的楚汉之战，此时的汉朝已经被消耗的十分空虚了，人民也苦不堪言。

刘邦也亲自经历了这些战争，他知道战争带给人们的伤害，也明白得民心的重要性。同时刘邦也吸取了秦灭亡的原因，于是决定采用休养生息的政策，为的就是恢复生产，巩固日后的统治。

休养生息的主要措施有：第一，免征徭役，原先有很多的青壮年被强迫征兵去打仗，因而生产损失了很多劳动力。如今这条政策，使得士兵也可以回家生产，也使得一家人可以团圆了。第二，让之前因为战乱逃亡出去的人回来，并且归还他们原有的住宅，吸引他们回来，留住原有的居民。第三，降低纳税的指标，减轻人民的负担。还将之前的奴隶恢复为平民身份，安抚人心。

这些措施都是围绕"清静无为"的中心展开的。 国家不一定要进行大规模的生产建设活动，也可以顺势而为，顺应民心。经过了长期战争的人们，迫切需要这种慢节奏同时又恢复生产的生活方式。
而这休养生息，一下就是七十年。事实证明修养生息的政策是正确的，这七十年的时间，人们的生活得到了很大的改善，人们也越来越安居乐业，也越来越富裕。这一段时期的恢复，也为后来的强盛做铺垫。

Pinyin (拼音)

Jīngguò qín mò de nóngmín qǐyì hé zhǎng dá sì nián de chǔ hàn zhī zhàn, cǐ shí de hàn cháo yǐjīng bèi xiāohào de shífēn kōngxūle, rénmín yě kǔ bùkān yán.

Liúbāng yě qīnzì jīnglìle zhèxiē zhànzhēng, tā zhīdào zhànzhēng dài jǐ rénmen de shānghài, yě míngbái dé mínxīn de zhòngyào xìng. Tóngshí liúbāng yě xīqǔle qín mièwáng de yuányīn, yúshì juédìng cǎiyòng xiūyǎngshēngxī de zhèngcè, wèi de jiùshì huīfù shēngchǎn, gǒnggù rìhòu de tǒngzhì.

Xiūyǎngshēngxī de zhǔyào cuòshī yǒu: Dì yī, miǎn zhēng yáoyì, yuánxiān yǒu hěnduō de qīng zhuàngnián bèi qiǎngpò zhēngbīng qù dǎzhàng, yīn'ér shēngchǎn sǔnshīle hěnduō láodònglì. Rújīn zhè tiáo zhèngcè, shǐdé shìbīng yě kěyǐ huí jiā shēngchǎn, yě shǐdé yījiā rén kěyǐ tuányuánle. Dì èr, ràng zhīqián yīn wéi zhànluàn táowáng chūqù de rén huílái, bìngqiě guīhuán tāmen yuán yǒu de zhùzhái, xīyǐn tāmen huílái, liú zhù yuán yǒu de jūmín. Dì sān, jiàngdī nàshuì de zhǐbiāo, jiǎnqīng rénmín de fùdān. Hái jiāng zhīqián de núlì huīfù wéi píngmín shēnfèn, ānfǔ rénxīn.

Zhèxiē cuòshī dōu shì wéirào "qīngjìng wúwéi" de zhōngxīn zhǎnkāi de. Guójiā bù yīdìng yào jìnxíng dà guīmó de shēngchǎn jiànshè huódòng, yě kěyǐ shùnshì ér wéi, shùnyìng mínxīn. Jīngguòle chángqí zhànzhēng de rénmen, pòqiè xūyào zhè zhǒng màn jiézòu tóngshí yòu huīfù shēngchǎn de shēnghuó fāngshì.

Ér zhè xiūyǎngshēngxī, yīxià jiùshì qīshí nián. Shìshí zhèngmíng xiūyǎng shēngxī de zhèngcè shì zhèngquè de, zhè qīshí nián de shíjiān, rénmen de shēnghuó dédàole hěn dà de gǎishàn, rénmen yě yuè lái yuè ānjūlèyè, yě yuè lái yuè fùyù. Zhè yīduàn shíqí de huīfù, yě wèi hòulái de qiángshèng zuò pūdiàn.

REFORMS BY EMPEROR WU OF HAN DYNASTY (汉武帝改革)

1	在位	Zài wèi	Be on the throne; reign
2	时期	Shíqí	Period
3	加强	Jiāqiáng	Strengthen; enhance; augment; reinforce
4	中央集权	Zhōngyāng jíquán	Centralization
5	推行	Tuīxíng	Carry out; pursue; implement; practice
6	一系列	Yī xìliè	Series; tail; round; a series of
7	系列	Xìliè	Succession; series; bank; set
8	被称为	Bèi chēng wèi	Known as; be known as; be called
9	改革	Gǎigé	Reform; reformation
10	首先	Shǒuxiān	First
11	决定	Juédìng	Decide; resolve; make up one's mind; decision
12	所谓	Suǒwèi	What is called
13	允许	Yǔnxǔ	Permit; allow; enable; allowable
14	诸侯	Zhūhóu	Dukes or princes under an emperor; the feudal princes
15	他们的	Tāmen de	Their; theirs
16	子弟	Zǐdì	Sons and younger brothers; juniors; children
17	征战	Zhēngzhàn	Go on an expedition
18	匈奴	Xiōngnú	Xiongnu (an ancient nationality in China)
19	亲自	Qīnzì	Personally; in person; oneself

20	带兵	Dài bīng	Head troops
21	打仗	Dǎzhàng	Fight; go to war; make war
22	攻打	Gōngdǎ	Attack; assault; assail
23	战役	Zhànyì	Campaign; battle
24	帝国	Dìguó	Empire
25	慢慢	Màn man	Slowly; leisurely; gradually
26	衰落	Shuāiluò	Decline; be on the wane; go downhill; fading
27	在此期间	Zài cǐ qíjiān	Ad interim; ad int.
28	汉朝	Hàn cháo	Han dynasty
29	版图	Bǎntú	Domain; territory
30	自己的	Zìjǐ de	Self
31	国土	Guótǔ	Territory; land
32	入不敷出	Rùbù fūchū	Run behind one's expenses; income can't cover expenses
33	国库	Guókù	National treasury; exchequer
34	在当时	Zài dāngshí	At that time; in those days; at the time
35	富商	Fùshāng	Rich merchant
36	上一个	Shàng yīgè	The previous; the last; previous one
37	做出	Zuò chū	Make (a decision/etc.)
38	提议	Tíyì	Propose; suggest; move
39	那就是	Nà jiùshì	That is; That is to say; Someone
40	秦朝	Qín cháo	Qin Dynasty (221-206 B.C.)
41	正好	Zhènghǎo	Just in time; just right; just enough
42	相反	Xiāngfǎn	Opposite; contrary; adverse; reverse
43	统一思想	Tǒngyī sīxiǎng	Seek unity of thinking; reach a common understanding

44	便于	Biànyú	Easy to; convenient for
45	统治	Tǒngzhì	Rule; dominate; control; govern
46	分散	Fēnsàn	Disperse; scatter; decentralize; scattering
47	儒家思想	Rújiā sīxiǎng	Confucianism
48	两千	Liǎng qiān	Two thousand
49	除此之外	Chú cǐ zhī wài	Besides; in addition
50	兴办	Xīngbàn	Initiate; set up
51	太学	Tài xué	The Imperial College
52	也就是	Yě jiùshì	Namely; i.e.; that is
53	学府	Xuéfǔ	Seat of learning; institution of higher learning
54	相当于	Xiāngdāng yú	Be equal to, correspond to, be equivalent to
55	越来越多	Yuè lái yuè duō	More and more; increasingly

Chinese (中文)

汉武帝在位时期，为了加强中央集权，推行了一系列的政策，这一系列的政策改革被称为汉武帝改革。

首先他决定推行推恩令。所谓推恩令，就是允许诸侯分封土地给他们的子弟，成为更小的诸侯国。

其次便是征战匈奴。汉武帝亲自带兵打仗，攻打匈奴。经过了几次战役之后，匈奴帝国实力大减，慢慢的也就衰落了。

在此期间，汉武帝还扩大了汉朝的版图。汉武帝频繁的进行对外战争，将自己的国土开拓到越南，朝鲜等地。但是，由于长期的对外战争，使得原本富裕的汉朝变得入不敷出，国库的库存已经少之又少了。可以这么说，在当时的一个富商，甚至都抵的上一个国家拥有的财富。

汉武帝还做出了一个很重要的决定，他采用了董仲舒的提议，那就是罢黜百家，独尊儒术，这和秦朝正好相反。此举的目的就是统一思想，便于更好的统治。思想越分散，就越是不好管理。

自此以后，儒家思想便正式成为了正统思想，在接下来的两千多年里也一直处于正统地位。除此之外，汉武帝还在长安兴办了太学，也就是当时的最高学府，相当于我们现在的清华北大，儒家思想影响了越来越多的学子。

Pinyin (拼音)

Hàn wǔdì zài wèi shíqí, wèile jiāqiáng zhōngyāng jíquán, tuīxíngle yī xìliè de zhèngcè, zhè yī xìliè de zhèngcè gǎigé bèi chēng wèi hàn wǔdì gǎigé.

Shǒuxiān tā juédìng tuīxíng tuī ēn lìng. Suǒwèi tuī ēn lìng, jiùshì yǔnxǔ zhūhóu fēnfēng tǔdì gěi tāmen de zǐdì, chéngwéi gèng xiǎo de zhūhóu guó.

Qícì biàn shì zhēngzhàn xiōngnú. Hàn wǔdì qīnzì dài bīng dǎzhàng, gōngdǎ xiōngnú. Jīngguòle jǐ cì zhànyì zhīhòu, xiōngnú dìguó shílì dà jiǎn, màn man de yě jiù shuāiluòle.

Zài cǐ qíjiān, hàn wǔdì hái kuòdàle hàn cháo de bǎntú. Hàn wǔdì pínfán de jìnxíng duìwài zhànzhēng, jiāng zìjǐ de guótǔ kāità dào yuènán, cháoxiān děng dì. Dànshì, yóuyú chángqí de duìwài zhànzhēng, shǐdé yuánběn fùyù de hàn cháo biàn dé rùbùfūchū, guókù de kùcún yǐjīng shǎo zhī yòu shǎole. Kěyǐ zhème shuō, zài dāngshí de yīgè fùshāng, shènzhì dōu dǐ de shàng yīgè guójiā yǒngyǒu de cáifù.

Hàn wǔdì hái zuò chūle yīgè hěn zhòngyào de juédìng, tā cǎiyòngle dǒngzhòngshū de tíyì, nà jiùshì bàchù bǎi jiā, dú zūn rúshù, zhè hé qín cháo zhènghǎo xiāngfǎn. Cǐ jǔ de mùdì jiùshì tǒngyī sīxiǎng, biànyú gèng hǎo de tǒngzhì. Sīxiǎng yuè fēnsàn, jiù yuè shì bù hǎo guǎnlǐ.

Zì cǐ yǐhòu, rújiā sīxiǎng biàn zhèngshì chéngwéile zhèngtǒng sīxiǎng, zài jiē xiàlái de liǎng qiān duō nián lǐ yě yīzhí chǔyú zhèngtǒng dìwèi. Chú cǐ zhī wài, hàn wǔdì hái zài cháng'ān xīngbànle tài xué, yě jiùshì dāngshí de zuìgāo xuéfǔ, xiāngdāng yú wǒmen xiànzài de qīnghuá běidà, rújiā sīxiǎng yǐngxiǎngle yuè lái yuè duō de xuézǐ.

ZHANG QIAN'S MISSION TO THE WESTERN REGIONS (张骞出使西域)

1	出使	Chū shǐ	Serve as an envoy abroad; be sent on a diplomatic mission
2	西域	Xīyù	The Western Regions
3	时期	Shíqí	Period
4	非常重要	Fēicháng zhòngyào	Extremely important; count for much; it makes all the difference that
5	事件	Shìjiàn	Event; incident;
6	同时	Tóngshí	At the same time; simultaneously; concurrently; in the meantime
7	后世	Hòushì	Later ages; later generations
8	源远流长	Yuányuǎn liúcháng	The source is distant and the stream long; a distant origin and a long development
9	影响	Yǐngxiǎng	Influence; affect; effect
10	指的是	Zhǐ de shì	Refers to
11	新疆	Xīnjiāng	Xinjiang
12	还没有	Hái méiyǒu	Not yet
13	收复	Shōufù	Recover; recapture; resume; retrieve
14	也就是	Yě jiùshì	Namely; i.e.; that is
15	外交官	Wàijiāo guān	Diplomat; diplomatist
16	每一次	Měi yīcì	Every time; at a time; from one time to the next
17	心血	Xīnxuè	Painstaking care; painstaking effort; the heart blood
18	第一次	Dì yīcì	First; for the first time

19	在途中	Zài túzhōng	In transit; on passage
20	匈奴	Xiōngnú	Xiongnu
21	死活	Sǐhuó	Life or death; fate
22	投降	Tóuxiáng	Surrender; capitulate
23	逼迫	Bīpò	Force; compel; coerce; constrain
24	执意	Zhíyì	Insist on; be determined to; be bent on
25	妥协	Tuǒxié	Come to terms; compromise
26	放松	Fàngsōng	Relax; slacken; loosen; uncage
27	警惕	Jǐngtì	Be on guard against; watch out for; be vigilant; be on the alert
28	自己的	Zìjǐ de	Self
29	使命	Shǐmìng	Mission
30	逃跑	Táopǎo	Run away; flee; escape; take flight
31	中途	Zhōngtú	Halfway; midway
32	曲折	Qūzhé	Circuitous; intricate; ups and downs; tortuous
33	意料之外	Yìliào zhī wài	Contrary to expectation; in a way different from what was expected; unexpectedly
34	汉朝	Hàn cháo	Han dynasty
35	历经	Lìjīng	Experience; go through
36	十三	Shí sān	Thirteen; baker's dozen
37	千辛万苦	Qiān xīn wàn kǔ	Go through untold hardships; go through thick and thin; all kinds of hardships; countless hardships
38	在当时	Zài dāngshí	At that time; in those days; at the time
39	不见踪影	Bùjiàn zōngyǐng	To lose oneself
40	逝世	Shìshì	Pass away; die

41	没想到	Méi xiǎngdào	Have not expected or thought of
42	升官	Shēngguān	Advancement
43	这一次	Zhè yī cì	This time; on this occasion; for once
44	更深	Gēngshēn	Late at night
45	层次	Céngcì	Administrative levels; arrangement of ideas; gradation
46	攻打	Gōngdǎ	Attack; assault; assail
47	果然	Guǒrán	Really; as expected; sure enough
48	大获全胜	Dà huò quán shèng	Gain a complete victory; carry all before one
49	于是	Yúshì	Thereupon; hence; consequently; as a result
50	派遣	Pàiqiǎn	Send someone on mission; dispatch
51	第二次	Dì èr cì	Second time
52	不一样	Bù yīyàng	Different; unlike; Not the same
53	和谈	Hétán	Peace talks; peace negotiations
54	寻求	Xúnqiú	Seek; explore; go in quest of; pursue
55	许许多多	Xǔ xǔduō duō	Lots and lots of
56	奇珍异宝	Qí zhēn yì bǎo	Priceless treasures; rare jewels and precious stones;
57	作为回报	Zuòwéi huíbào	In return; as a reward; in turn
58	答谢	Dáxiè	Express appreciation; acknowledge
59	就这样	Jiù zhèyàng	That's it; That's all; in this way
60	越来越好	Yuè lái yuè hǎo	Become better and better; become better with each passing day

61	越来越	Yuè lái yuè	More and more
62	丝绸之路	Sīchóu zhī lù	The Silk Road; the Silk Route
63	起源	Qǐyuán	Origin; beginning; derivation; rise in
64	无论	Wúlùn	No matter what, how, etc.; regardless of
65	现在	Xiànzài	Now; at present; today; nowadays
66	发挥	Fāhuī	Bring into play; give play to; give scope to; give free rein to
67	巨大	Jùdà	Huge; tremendous; enormous; gigantic
68	作用	Zuòyòng	Act on; affect; action; function

Chinese (中文)

张骞出使西域也是汉武帝时期一个非常重要的事件，同时这件事对后世有着源远流长的影响。

这里所说的西域指的是新疆地区，当时的西域地区还没有收复，而张骞是当时负责对外的官员，也就是我们现在所说的外交官。他这一生曾经两次出使西域，每一次出使都付出了很多的心血。

张骞第一次出使西域，还没到西域呢，在途中就被匈奴抓走了。但是张骞死活不投降，匈奴就一直扣着他们。为了逼迫张骞投降，还执意给他找了一个匈奴妻子，但是张骞始终没有妥协。这一扣留，就是十年。

十年了，匈奴人都对张骞放松警惕了，但是张骞没有忘记自己的使命，便趁此机会逃跑了。但是回家之路并没有很顺利，中途还经历了许多曲折，发生了一些意料之外的事情。又过了三年，张骞才回到汉朝。

历经十三年的千辛万苦，张骞终于回到了汉朝，这在当时可是引起了不小的关注。十三年的不见踪影，好多人以为张骞已经逝世了，没想到回来了。汉武帝也是立刻给张骞升官，并听他讲述这些年在西域的故事。

通过这一次的出使，汉朝对西域各国有了更深层次的理解。几年后，汉武帝派霍去病攻打匈奴，果然大获全胜。

于是，汉武帝又派遣张骞第二次出使西域。不过这一次不一样了，这次是去和谈的，也就是寻求和平。

张骞带上了许许多多的奇珍异宝，出使西域各国，都受到了很热情的招待。作为回报，很多西域国家也派使者来到汉朝答谢。就这样，汉朝与西域的关系越来越好了，政治经济文化的交流也越来越密切。

这便是"丝绸之路"的起源，无论是在当时，在现在，都发挥了巨大的作用。

Pinyin (拼音)

Zhāngqiān chū shǐ xīyù yěshì hàn wǔdì shíqí yīgè fēicháng zhòngyào de shìjiàn, tóngshí zhè jiàn shì duì hòushì yǒuzhe yuányuǎnliúcháng de yǐngxiǎng.

Zhèlǐ suǒ shuō de xīyù zhǐ de shì xīnjiāng dìqū, dāngshí de xīyù dìqū hái méiyǒu shōufù, ér zhāngqiān shì dāngshí fùzé duìwài de guānyuán, yě jiùshì wǒmen xiànzài suǒ shuō de wàijiāo guān. Tā zhè yīshēng céngjīng liǎng cì chū shǐ xīyù, měi yīcì chū shǐ dōu fùchūle hěnduō de xīnxuè.

Zhāngqiān dì yīcì chū shǐ xīyù, hái méi dào xīyù ne, zài túzhōng jiù bèi xiōngnú zhuā zǒule. Dànshì zhāngqiān sǐhuó bù tóuxiáng, xiōngnú jiù yīzhí kòuzhe tāmen. Wèile bīpò zhāngqiān tóuxiáng, hái zhíyì gěi tā zhǎole yīgè xiōngnú qīzi, dànshì zhāngqiān shǐzhōng méiyǒu tuǒxié. Zhè yī kòuliú, jiùshì shí nián.

Shí niánle, xiōngnú rén dōu duì zhāngqiān fàngsōng jǐngtìle, dànshì zhāngqiān méiyǒu wàngjì zìjǐ de shǐmìng, biàn chèn cǐ jīhuì táopǎole. Dànshì huí jiā zhī lù bìng méiyǒu hěn shùnlì, zhōngtú hái jīnglìle xǔduō qūzhé, fāshēngle yīxiē yìliào zhī wài de shìqíng. Yòuguòle sān nián, zhāngqiān cái huí dào hàn cháo.

Lìjīng shísān nián de qiān xīn wàn kǔ, zhāngqiān zhōngyú huí dàole hàn cháo, zhè zài dāngshí kěshì yǐn qǐ liǎo bù xiǎo de guānzhù. Shísān nián de bùjiàn zōngyǐng, hǎoduō rén yǐwéi zhāngqiān yǐjīng shìshìle, méi xiǎngdào huíláile. Hàn wǔdì yěshì lìkè gěi zhāngqiān shēngguān, bìng tīng tā jiǎngshù zhèxiē nián zài xīyù de gùshì.

Tōngguò zhè yīcì de chū shǐ, hàn cháo duì xīyù gèguó yǒule gēngshēn céngcì de lǐjiě. Jǐ nián hòu, hàn wǔdì pài huòqùbìng gōngdǎ xiōngnú, guǒrán dà huò quán shèng.

Yúshì, hàn wǔdì yòu pàiqiǎn zhāngqiān dì èr cì chū shǐ xīyù. Bùguò zhè yī cì bù yīyàngle, zhè cì shì qù hétán de, yě jiùshì xúnqiú hépíng.

Zhāngqiān dài shàngle xǔ xǔduō duō de qí zhēn yì bǎo, chū shǐ xīyù gèguó, dōu shòudàole hěn rèqíng de zhāodài. Zuòwéi huíbào, hěnduō xīyù guójiā yě pài shǐzhě lái dào hàn cháo dáxiè. Jiù zhèyàng, hàn cháo yǔ xīyù de guānxì yuè lái yuè hǎole, zhèngzhì jīngjì wénhuà de jiāoliú yě yuè lái yuè mìqiè.

Zhè biàn shì "sīchóu zhī lù" de qǐyuán, wúlùn shì zài dāngshí, zài xiànzài, dōu fāhuīle jùdà de zuòyòng.

PAPERMAKING TECHNOLOGY (造纸术)

1	古代	Gǔdài	Ancient; archaic; ancient times; antiquity
2	四大发明	Sì dà fāmíng	The four great inventions of ancient China; Four Great Inventions; The Four Great Inventions
3	火药	Huǒyào	Gunpowder; powder
4	指南针	Zhǐnánzhēn	Compass
5	造纸术	Zàozhǐ shù	Papermaking technology
6	印刷术	Yìnshuā shù	Art of printing; printing
7	造纸	Zàozhǐ	Papermaking
8	东汉	Dōnghàn	The Eastern Han Dynasty
9	时期	Shíqí	Period
10	出生	Chūshēng	Be born; birth
11	打铁	Dǎtiě	Forge iron; work as a blacksmith
12	世家	Shìjiā	Aristocratic family; old and well-known family; a family holding high official positions for generations
13	当地	Dāngdì	At the place in question; in the locality; local
14	名气	Míngqì	Reputation; fame; name
15	聪颖	Cōng yǐng	Intelligent; bright; clever
16	过人	Guò rén	Surpass; excel
17	文韬武略	Wén tāo wǔ lüè	Civil and military skills; military strategy
18	神童	Shéntóng	Child prodigy; wonder child; quiz kid

19	聪明	Cōngmíng	Intelligent; bright; clever
20	家庭	Jiātíng	Family; household; home
21	影响很大	Yǐngxiǎng hěn dà	Have an effect on; enormous implications; impact
22	从小	Cóngxiǎo	From childhood; since one was very young; as a child
23	喜欢	Xǐhuān	Like; love; prefer; enjoy
24	发明创造	Fāmíng chuàngzào	Invent and create; make inventions and innovations; innovation and creation
25	富有	Fùyǒu	Rich; wealthy
26	想象力	Xiǎngxiàng lì	Imagination; vision; fancy
27	创造力	Chuàngzào lì	Creativity; originality; talent to create
28	发明	Fāmíng	Invent; invention; expound
29	物品	Wùpǐn	Article; goods
30	官员	Guānyuán	Official
31	推荐	Tuījiàn	Recommend; recommendation
32	当官	Dāng guān	Fill an office; be an official; be in the presence of an official
33	期间	Qíjiān	Time; period; course; duration
34	更加	Gèngjiā	To a higher degree; still further; still more
35	认识到	Rènshí dào	Realize
36	纸张	Zhǐzhāng	Paper
37	重要性	Zhòngyào xìng	Importance; significance
38	在当时	Zài dāngshí	At that time; in those days; at the time
39	繁琐	Fánsuǒ	Loaded down with trivial details
40	不成熟	Bù chéngshú	Immature

41	不平坦	Bù píngtǎn	Inequality
42	便于	Biànyú	Easy to; convenient for
43	书写	Shūxiě	Write
44	不仅如此	Bùjǐn rúcǐ	Not only that
45	老百姓	Lǎobǎixìng	Folk; common people; ordinary people; civilians
46	于是	Yúshì	Thereupon; hence; consequently; as a result
47	经过	Jīngguò	Pass; go through; go by
48	过后	Guòhòu	Afterwards; later
49	树皮	Shù pí	Rind; bark; pill; feathering
50	渔网	Yúwǎng	Fishing net
51	原料	Yuánliào	Raw material; crude material; stock; staple
52	一系列	Yī xìliè	Series; tail; round; a series of
53	优质	Yōuzhì	High quality; high grade
54	改进	Gǎijìn	Improve; make better; better; mend
55	人们	Rénmen	People; men; the public; humanity
56	带来	Dài lái	Bring about; produce
57	极大	Jí dà	Maximum
58	便利	Biànlì	Convenient; easy; for the convenience of; facilitate
59	推动	Tuīdòng	Push forward; promote; give impetus to; goose
60	进步	Jìnbù	Advance; progress; improve; step forward
61	当时	Dāngshí	Then; at that time; just at that moment; right away; at once; immediately
62	后世	Hòushì	Later ages; later generations

Chinese (中文)

中国古代有四大发明，分别是火药，指南针，造纸术和印刷术。其中的造纸术便是东汉时期的蔡伦发明改进的。

蔡伦出生在一个打铁世家，在当地都是小有名气。蔡伦自小也是聪颖过人，文韬武略，都有涉略，大家都说蔡伦是神童，夸他聪明。

蔡伦受家庭影响很大，从小也喜欢搞发明创造，是一个富有想象力和创造力的人，而且自己还发明了一些小物品。

在一个官员的推荐下，蔡伦也进宫当官了。在这当官的期间，蔡伦更加认识到纸张的重要性。

而且在当时，纸张生产的技术比较繁琐，而且造纸术也十分不成熟，纸张还十分粗糙，纸张上面十分不平坦，也不便于书写导致生产的很少。不仅如此，价格也十分高，普通老百姓根本就消费不起。

于是蔡伦开始研究造纸的技术，在经过了很多次的实验过后，蔡伦发现用一些简单的例如树皮，渔网等原料，在经过一系列的工艺后，便能得到一种更为优质的纸张，而且成本还降低了。

蔡伦对造纸术的改进，给人们的生活带来了极大的便利，也极大的推动了人们的生活进步，对当时，对后世都产生了极大的影响。

Pinyin (拼音)

Zhōngguó gǔdài yǒu sì dà fāmíng, fēnbié shì huǒyào, zhǐnánzhēn, zàozhǐ shù hé yìnshuā shù. Qízhōng de zàozhǐ shù biàn shì dōnghàn shíqí de càilún fāmíng gǎijìn de.

Càilún chūshēng zài yīgè dǎtiě shìjiā, zài dāngdì dōu shì xiǎo yǒu míngqì. Càilún zì xiǎo yěshì cōngyǐngguò rén, wén tāo wǔ lüè, dōu yǒu shè lüè, dàjiā dōu shuō càilún shì shéntóng, kuā tā cōngmíng.

Càilún shòu jiātíng yǐngxiǎng hěn dà, cóngxiǎo yě xǐhuān gǎo fāmíng chuàngzào, shì yīgè fùyǒu xiǎngxiàng lì hé chuàngzào lì de rén, érqiě zìjǐ hái fāmínglìǎo yīxiē xiǎo wùpǐn.

Zài yīgè guānyuán de tuījiàn xià, càilún yě jìn gōng dāng guānle. Zài zhè dāng guān de qíjiān, càilún gèngjiā rènshí dào zhǐzhāng de zhòngyào xìng.

Érqiě zài dāngshí, zhǐzhāng shēngchǎn de jìshù bǐjiào fánsuǒ, érqiě zàozhǐ shù yě shífēn bù chéngshú, zhǐzhāng hái shífēn cūcāo, zhǐzhāng shàngmiàn shífēn bù píngtǎn, yě bù biànyú shūxiě dǎozhì shēngchǎn de hěn shǎo. Bùjǐn rúcǐ, jiàgé yě shí fèn gāo, pǔtōng lǎobǎixìng gēnběn jiù xiāofèi bù qǐ.

Yúshì càilún kāishǐ yánjiū zàozhǐ de jìshù, zài jīngguòle hěnduō cì de shíyàn guòhòu, càilún fāxiàn yòng yīxiē jiǎndān de lìrú shù pí, yúwǎng děng yuánliào, zài jīngguò yī xìliè de gōngyì hòu, biàn néng dédào yī zhǒng gèng wèi yōuzhì de zhǐzhāng, érqiě chéngběn huán jiàngdīle.

Càilún duì zàozhǐ shù de gǎijìn, jǐ rénmen de shēnghuó dài láile jí dà de biànlì, yě jí dà de tuīdòngle rénmen de shēnghuó jìnbù, duì dāngshí, duì hòushì dōu chǎnshēngle jí dà de yǐngxiǎng.

REBELLION OF THE SEVEN STATES (七国之乱)

1	汉朝	Hàn cháo	Han Dynasty
2	叛乱	Pànluàn	Rebel; rise in rebellion; armed rebellion; insurrection
3	自家人	Zìjiā rén	People on our side; one of us
4	同类相残	Tónglèi xiāng cán	Intramural fight
5	在当时	Zài dāngshí	At that time; in those days; at the time
6	权势	Quánshì	Power and influence
7	自家	Zìjiā	Oneself
8	心软	Xīnruǎn	Be softhearted; be tenderhearted
9	有名	Yǒumíng	Well-known; famous; celebrated
10	下面	Xiàmiàn	Below; under; underneath
11	蓄谋已久	Xùmóu yǐ jiǔ	Long premeditated; have plotted for a long time
12	策反	Cèfǎn	Instigating rebellion within the enemy camp; incite defection
13	轻易	Qīngyì	Easily; readily
14	发动	Fādòng	Start; launch; engine on; get started
15	不然	Bùrán	Not so; not the case; no
16	刻意	Kèyì	Painstakingly; sedulously
17	正好	Zhènghǎo	Just in time; just right; just enough
18	把柄	Bǎbǐng	Handle
19	削去	Xuē qù	Chip-off

20	机会	Jīhuì	Chance; opportunity
21	不仅如此	Bùjǐn rúcǐ	Not only that
22	六国	Liù guó	The Six Kingdoms annexed by Qin
23	一同	Yītóng	Together with; in the company of; together; at the same time and place
24	清君侧	Qīngjūncè	Rid the emperor of "evil" ministers; clean up those around the emperor
25	名号	Míng hào	Name; title; fame
26	都城	Dūchéng	Capital of a country
27	附近	Fùjìn	Nearby; neighboring
28	惶恐	Huángkǒng	Terrified; fearful
29	于是	Yúshì	Thereupon; hence; consequently; as a result
30	不得不	Bùdé bù	Have no choice but to; be bound to; be obliged to do something; cannot but
31	以此	Yǐ cǐ	For this reason; on this account
32	退兵	Tuìbīng	Retreat; withdrawal
33	反而	Fǎn'ér	On the contrary; instead; but
34	逼近	Bījìn	Press on towards; gain on; approach; crowd on
35	他们的	Tāmen de	Their; theirs
36	根本	Gēnběn	Root; radical; basic; fundamental
37	皇位	Huángwèi	Throne
38	实在	Shízài	True; real; honest; dependable; well-done; done carefully
39	忍无可忍	Rěnwú kěrěn	Have reached the end of one's forbearance; be at the end of

			one's forbearance; be driven beyond forbearance; be past endurance
40	本来	Běnlái	Original
41	大事化小	Dàshì huà xiǎo	Disguise a major accident as a minor one
42	但是	Dànshì	But; however; yet; still
43	善罢甘休	Shànbà gānxiū	Leave the matter at that; be willing to let go; be willing to take things lying down; let it go at that
44	如今	Rújīn	Nowadays; these days; at present; now
45	不要	Bùyào	Don't
46	镇压	Zhènyā	Suppress; repress; put down; execute
47	将领	Jiànglǐng	High-ranking military officer; general
48	平定	Píngdìng	Calm down; pacify
49	逃跑	Táopǎo	Run away; flee; escape; take flight
50	自己的	Zìjǐ de	Self
51	死路一条	Sǐlù yītiáo	There is nothing one can do except die; a road that leads nowhere; a road that leads to death; come to the end of a blind alley
52	自此	Zì cǐ	Henceforth; from then on
53	告一段落	Gào yīduànluò	Come to the end of a stage

Chinese (中文)

汉朝发生过很多的叛乱，但是大多数制造这些叛乱的不是别人，正是他们自家人。同类相残的现象在当时已经很常见了，为了权势和地位，哪怕是自家人也毫不心软。其中比较有名的就是七国之乱，下面我们来详细的介绍一下。

当时正是汉景帝执政，而吴王刘濞蓄谋已久想要策反，但是也不好轻易发动叛乱，不然显得太刻意了。正好当时景帝和晁错也抓到了吴王刘濞的把柄，定了他的罪，打算削去他的一些土地作为惩罚。

刘濞知道后，便趁此机会发动叛乱。不仅如此，还联合了其他六国，一同起兵叛乱。同时还打着"诛晁错，清君侧"的名号，一路打到都城附近。

汉景帝十分惶恐，他也不想把事情闹大，于是不得不杀了晁错，想以此让他们退兵。但是晁错死了，他们仍然不退兵，反而进一步逼近，因为他们的目标根本就不是晁错，而是这个皇位。

汉景帝也实在忍无可忍了，本来他是想着大事化小，小事化了，但是他们不肯善罢甘休，如今也不要怪他起兵镇压了。

汉景帝命令周亚夫和其他将领一同镇压，不到十个月的时间，便平定了叛乱。刘濞本想逃跑，最后还是被杀了。其他六王知道等待自己的是死路一条，便自杀身亡了。自此，七国之乱告一段落。

Pinyin (拼音)

Hàn zhāo fāshēngguò hěnduō de pànluàn, dànshì dà duōshù zhìzào zhèxiē pànluàn de bùshì biérén, zhèng shì tāmen zìjiā rén. Tónglèi xiāng cán de xiànxiàng zài dāngshí yǐjīng hěn chángjiànle, wèile quánshì hé dìwèi, nǎpà shì zìjiā rén yě háo bù xīnruǎn. Qízhōng bǐjiào yǒumíng de jiùshì qī guózhī luàn, xiàmiàn wǒmen lái xiángxì de jièshào yīxià.

Dāngshí zhèng shì hàn jǐngdì zhízhèng, ér wú wáng liú bì xùmóu yǐ jiǔ xiǎng yào cèfǎn, dànshì yě bù hǎo qīngyì fādòng pànluàn, bùrán xiǎndé tài kèyìle. Zhènghǎo dāngshí jǐngdì hé cháo cuò yě zhuā dàole wú wáng liú bì de bǎbǐng, dìngle tā de zuì, dǎsuàn xuē qù tā de yīxiē tǔdì zuòwéi chéngfá.

Liú bì zhīdào hòu, biàn chèn cǐ jīhuì fādòng pànluàn. Bùjǐn rúcǐ, hái liánhéle qítā liù guó, yītóng qǐbīng pànluàn. Tóngshí hái dǎzhe "zhū cháo cuò, qīngjūncè" de mínghào, yīlù dǎ dào dūchéng fùjìn.

Hàn jǐngdì shífēn huángkǒng, tā yě bùxiǎng bǎ shìqíng nào dà, yúshì bùdé bù shāle cháo cuò, xiǎng yǐ cǐ ràng tāmen tuìbīng. Dànshì cháo cuò sǐle, tāmen réngrán bù tuìbīng, fǎn'ér jìnyībù bīìn, yīnwèi tāmen de mùbiāo gēnběn jiù bùshì cháo cuò, ér shì zhège huángwèi.

Hàn jǐngdì yě shízài rěnwúkěrěnle, běnlái tā shì xiǎngzhe dàshì huà xiǎo, xiǎoshì huàle, dànshì tāmen bù kěn shànbàgānxiū, rújīn yě bùyào guài tā qǐbīng zhènyāle.

Hàn jǐngdì mìnglìng zhōuyàfū hé qítā jiànglǐng yītóng zhènyā, bù dào shí gè yuè de shíjiān, biàn píngdìngle pànluàn. Liúbìběn xiǎng táopǎo, zuìhòu háishì bèi shāle. Qítā liù wáng zhīdào děngdài zìjǐ de shì sǐlù yītiáo, biàn zìshā shēnwángle. Zì cǐ, qī guózhī luàn gào yīduànluò.

www.QuoraChinese.com

www.ingramcontent.com/pod-product-compliance
Lightning Source LLC
LaVergne TN
LVHW062000070526
838199LV00060B/4211